全球首个唯一系统化磁吸式中文学习教学游戏

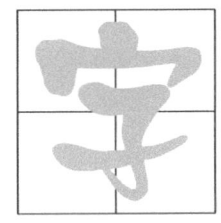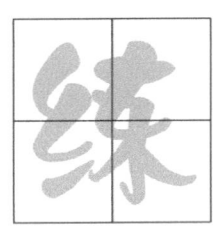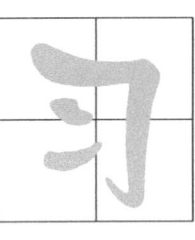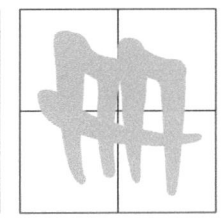

magictype® Lernspiel
Übungsheft 1 | 第阶

题卡特点

图片汉字配对　古诗词　小故事　谜语　接龙　自检

Dieses Übungsheft ermöglicht es Ihnen, zusammen mit den magictype® Lernspiel （www.magictype. de）, die am häufigsten verwendeten chinesischen Schriftzeichen lesen zu lernen. Auf jeder Seite finden Sie am unteren Rand die Lösungshilfe zu den jeweiligen Aufgaben. Wir hoffen, dass Sie viel Spaß und Erfolg beim Erlernen der chinesischen Schriftsprache haben.

This exercise book is designed to be used in conjunction with the magictype® game (www.magictype.de). It will allow you to learn the most often used Chinese characters. The solution to each exercise is printed at the bottom of the page. We wish you all success in your endeavor to master the Chinese language.

Autoren: heidelite GmbH
Illustrationen: Meiqiao Fang; Shuo Gao; Yueming Yuan
Designkonzept: Tianjin Long Yan advertising co., LTD
Lektorat: Qian Otto
Herausgeber: Qian Otto

Kontakt: mail@magictype.de
https://www.magictype.de
copyright: FEA Lernspiele UG
heidelite GmbH

借鉴众多知名德国教具思路，字游练习册，将以各种各样的有趣形式，涵括方方面面的主题，从低阶的简单图片汉字配对，趣味填空，同义反义词配对到高阶的古诗词、故事、谜语、接龙等等，通过各种形式的小游戏，让学习者们在各种语境下有乐趣的活学活用每一盒的每一个汉字。

练习册的每张题卡都带有自检功能，在让学习者做完练习之后，可以对照答案自己检查。

配合字游的这套练习册一定对学习中文的朋友，从学习汉字入门到自主阅读是一个绝佳的辅助工具书。我们也特别建议小朋友利用字游和字游练习册学习中文时，家长能够积极参与，引导和协助孩子，在愉快的气氛中，促使小朋友大大提高学习中文的兴趣，启发孩子学习中文的方法。

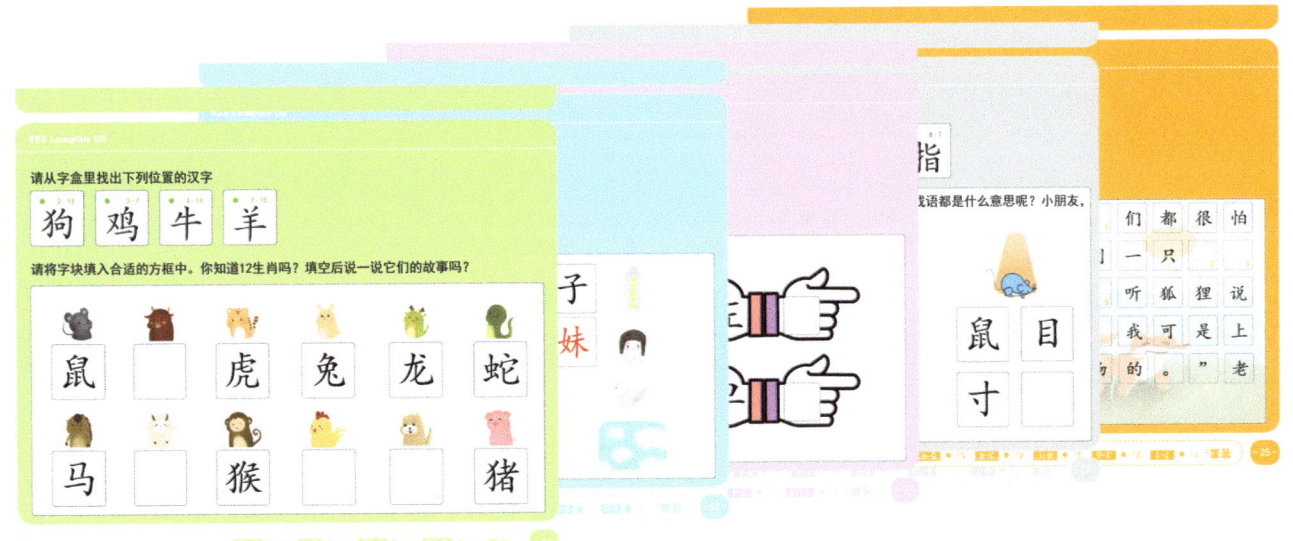

Bibliografische Information der Deutschen Nationalbibliothek: Die Deutsche Nationalbibliothek verzeichnet diese Publikation in der Deutschen Nationalbibliografie; detaillierte bibliografische Daten sind im Internet über dnb.dnb.de abrufbar.

© 2019 FEA Lernspiele UG
Herstellung und Verlag: BoD – Books on Demand, Norderstedt

ISBN: 9783750421936

请从字盒里找出下列位置的汉字

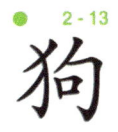

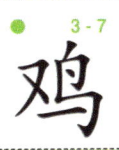

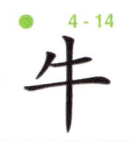

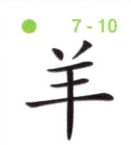

2 - 13	3 - 7	4 - 14	7 - 10
狗	鸡	牛	羊

请将字块填入合适的方框中。你知道12生肖吗？填空后说一说它们的故事吗？

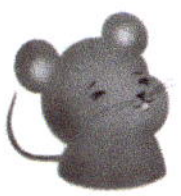	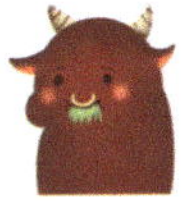	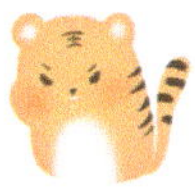	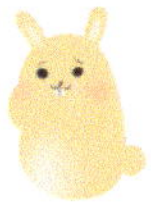	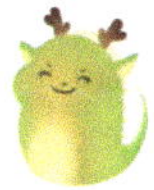	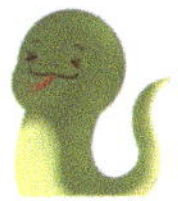
鼠	1	虎	兔	龙	蛇
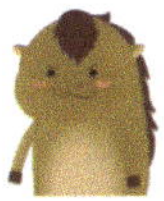	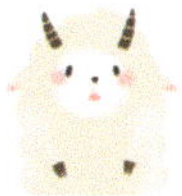	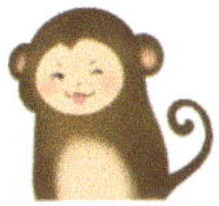	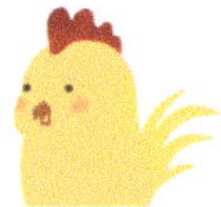	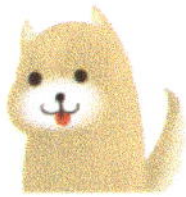	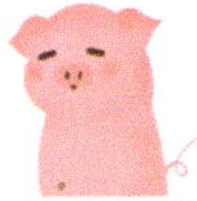
马	2	猴	3	4	猪

答案：1: ● 4-14 2: ● 7-10 3: ● 3-7 4: ● 2-13

请从字盒里找出下列位置的汉字

2-5	7-6	8-1	8-7
多	星	游	云

一个字块藏在第八行中，和第一图最匹配。你是小侦探，把它找出来吧！然后找出其他字块填入合适的方框中。

云

云

云

云

请从字盒里找出下列位置的汉字

● 3-3	● 5-6	● 5-9	● 7-8
花	人	山	雪

一个字块藏在第七行中，和第一图最匹配。你是小侦探，把它找出来吧！然后找出其他字块填入合适的方框中。

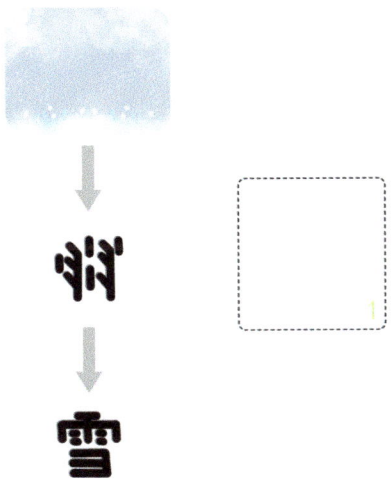

 雪

 雪

 雪

请从字盒里找出下列位置的汉字

 2-10 风
 3-3 花
 5-13 石
 6-4 水
 8-5 雨

一个字块藏在第八行中，和第一图最匹配。你是小侦探，把它找出来吧！然后找出其他字块填入合适的方框中。

 → 爪雨 [ ] 1

 [ ]  雨 2

 雨 [ ] 3

 雨 [ ] [ ] 4 5

请从字盒里找出下列位置的汉字

● 1-13	● 1-15	● 2-10	● 3-1
春	大	风	和

一个字块藏在第二行中，和第一图最匹配。你是小侦探，把它找出来吧！然后找出其他字块填入合适的方框中。

 风   风

  风   风

请从字盒里找出下列位置的汉字

2 - 2	2 - 9	3 - 15	6 - 8
地	飞	亮	天

一个字块藏在第六行中，和第一图最匹配。你是小侦探，把它找出来吧！然后找出其他字块填入合适的方框中。

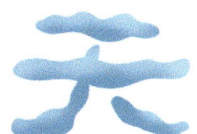  
1

 天
2

 天
3

 天
4

请从字盒里找出下列位置的汉字

 1 - 15 大
 3 - 9 家
 4 - 9 木
 5 - 6 人
 6 - 10 头

一个字块藏在第五行中，和第一图最匹配。你是小侦探，把它找出来吧！然后找出其他字块填入合适的方框中。

 1  2 3 人

 4 人  5 人

请从字盒里找出下列位置的汉字

 1-14 聪
 2-7 耳
 4-8 明
 4-9 木
 4-10 目
 8-10 中

一个字块藏在第七列中，和第一图最匹配。你是小侦探，把它找出来吧！然后找出其他字块填入合适的方框中。

耳

耳

耳

请从字盒里找出下列位置的汉字

2-1	2-2	4-3	4-10	6-2	7-5	8-10
的	地	妈	目	书	心	中

一个字块藏在第十列中，和第一图最匹配。你是小侦探，把它找出来吧！然后找出其他字块填入合适的方框中。

	1			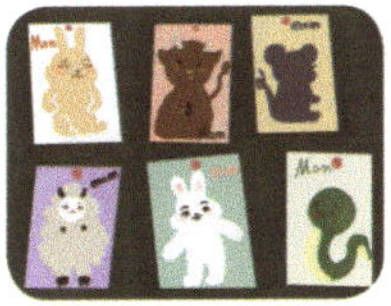	5
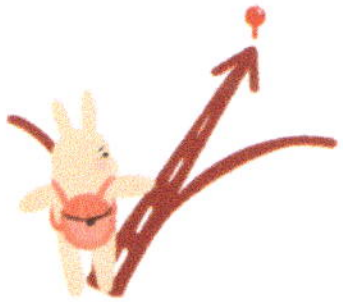	目	2	3	目	6
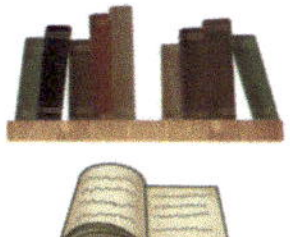	4	目		7	妈

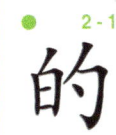

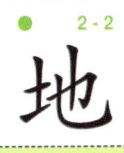

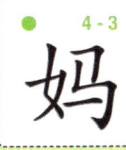

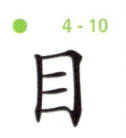

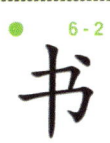

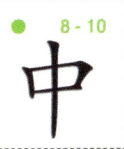

请从字盒里找出下列位置的汉字

2-8	2-11	6-1	7-5
二	歌	手	心

一个字块藏在第一列中，和第一图最匹配。你是小侦探，把它找出来吧！然后找出其他字块填入合适的方框中。

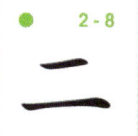

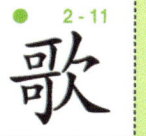

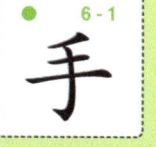

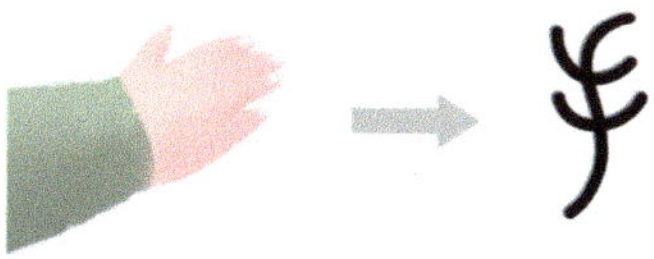

1

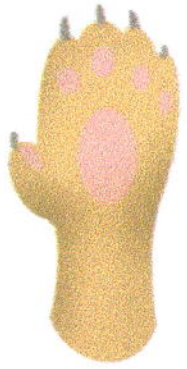

手

2

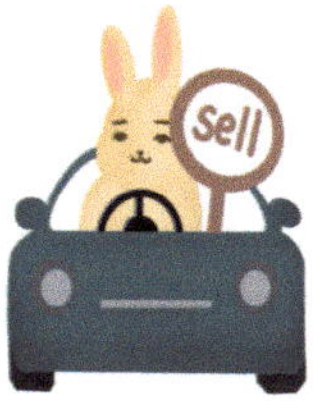

3

手

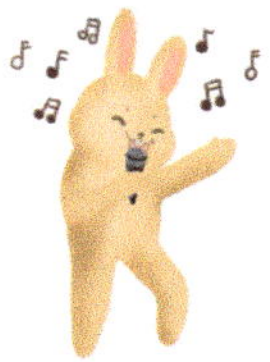

4

手

答案：1: ● 6-1 2: ● 7-5 3: ● 2-8 4: ● 2-11

请从字盒里找出下列位置的汉字

 4-6 眉
 6-2 书
 6-10 头
 7-5 心

一个字块藏在第六列中，和第一图最匹配。你是小侦探，把它找出来吧！然后找出其他字块填入合适的方框中。

  → □ 1

 □ 眉  2

 □ 眉 3

 □ 眉 4

请从字盒里找出下列位置的汉字

 4 - 9 木

 6 - 3 树

 6 - 10 头

 7 - 6 星

一个字块藏在第九列中，和第一图最匹配。你是小侦探，把它找出来吧！然后找出其他字块填入合适的方框中。

  米 [ ] 1

  木  2

  木 [ ] 3

  [ ]  木 4

请从字盒里找出下列位置的汉字

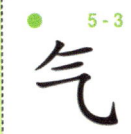

5 - 3	5 - 12	6 - 1	6 - 8
气	生	手	天

一个字块藏在第五列中，和第一图最匹配。你是小侦探，把它找出来吧！然后找出其他字块填入合适的方框中。

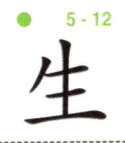

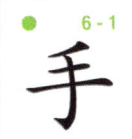

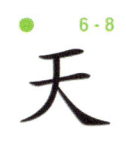

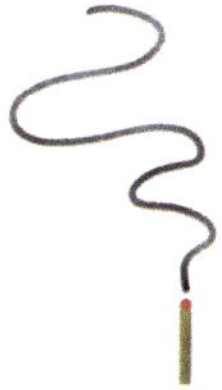
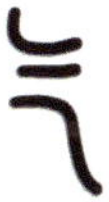
1

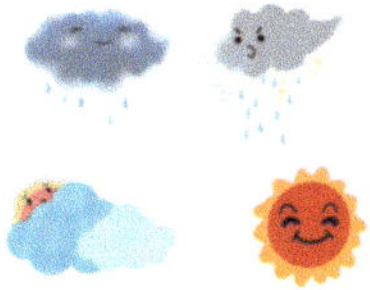
2 气

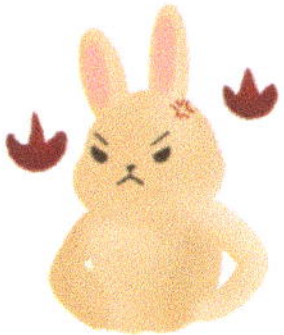
3 气

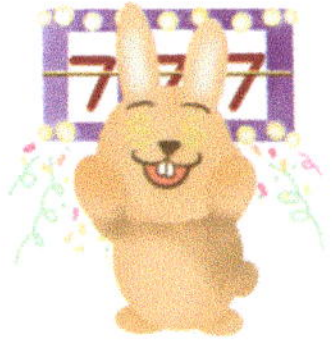
4 气

答案：1: 5-3 ● 2: 6-8 ● 3: 5-12 ● 4: 6-1

请从字盒里找出下列位置的汉字

 1-10 草　 3-3 花　 3-4 黄　 4-9 木　 8-4 鱼

一个字块藏在第八行中，和第一图最匹配。你是小侦探，把它找出来吧！然后找出其他字块填入合适的方框中。

  1  3

 2   4 5

请从字盒里找出下列位置的汉字

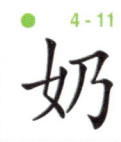

4-11	4-14	6-4	6-8
奶	牛	水	天

一个字块藏在第四行中，和第一图最匹配。你是小侦探，把它找出来吧！然后找出其他字块填入合适的方框中。

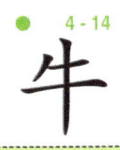

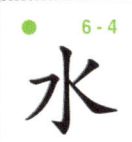

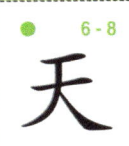

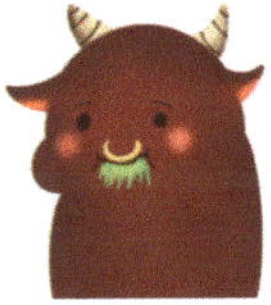
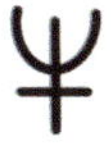
牛
□ 1

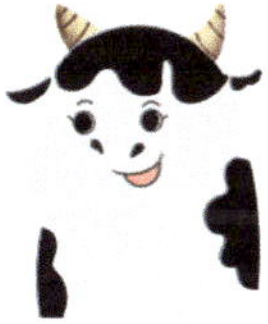
□ 2 牛

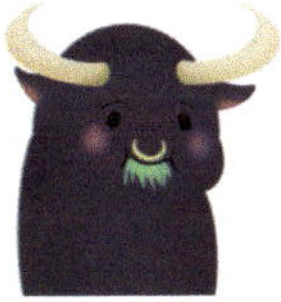
□ 3 牛

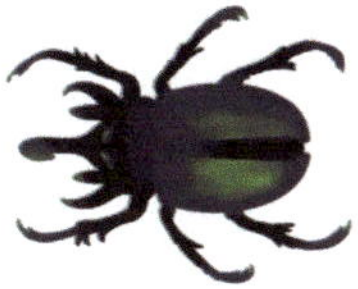
□ 4 牛

答案：1: ● 4-14 2: ● 4-11 3: ● 6-4 4: ● 6-8

请从字盒里找出下列位置的汉字

 3 - 4	 5 - 9	 6 - 10	 7 - 10
黄	山	头	羊

一个字块藏在第七行中，和第一图最匹配。你是小侦探，把它找出来吧！然后找出其他字块填入合适的方框中。

 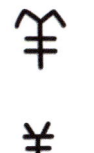  1

  羊 2

  羊 3

  羊 4

请从字盒里找出下列位置的汉字

3 - 3	3 - 4	4 - 13	6 - 4
花	黄	鸟	水

一个字块藏在第四行中，和第一图最匹配。你是小侦探，把它找出来吧！然后找出其他字块填入合适的方框中。

鸟

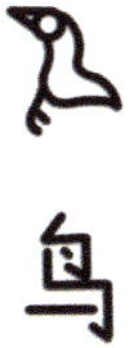

[ ] 1

[ ] 2

鸟

[ ] 3

鸟

[ ] 4

鸟

请从字盒里找出下列位置的汉字

4-9	4-14	5-3	5-6	5-7	5-9	6-4	7-10	8-4	8-7
木	牛	气	人	日	山	水	羊	鱼	云

你是小侦探，请仔细观察下图，把藏在里面的文字找出来吧！

1	2	3	4	5

6	7	8	9	10

请从字盒里找出下列位置的汉字

• 1-10	• 1-13	• 2-6	• 3-3	• 5-7	• 7-2	• 7-3	• 8-5
草	春	儿	花	日	夏	小	雨

按下图，请将字块填入合适的方框中。

		来
1	2	

		中
5	6	

	青	青
3	4	

	红	红
7	8	

请从字盒里找出下列位置的汉字

| 亮 3-15 | 山 5-9 | 石 5-13 | 水 6-4 | 太 6-7 | 田 6-9 | 阳 7-9 | 月 8-6 |

按下图，请将字块填入合适的方框中。

请从字盒里找出下列位置的汉字

● 1 - 11	● 2 - 11	● 3 - 12	● 6 - 15
唱	歌	看	戏

按下图，请将字块填入合适的方框中。

妈	妈		
在			

小	朋	友	
们	在		

请从字盒里找出下列位置的汉字

● 3 - 12	● 6 - 2	● 6 - 15	● 8 - 1	● 8 - 13
看	书	戏	游	做

按下图，请将字块填入合适的方框中。

他	在
1	2

小	朋	友	们
在			
	3	4	5

请从字盒里找出下列位置的汉字

 3 - 6 火
 5 - 10 上
 6 - 4 水
 7 - 1 下

按下图，请将字块填入合适的方框中。

 大 ⬚ 1

 大 ⬚ 2

 天 ⬚ 3

 地 ⬚ 4

请从字盒里找出下列位置的汉字

1 - 15	7 - 3	8 - 10
大	小	中

按下图，请将字块填入合适的方框中。

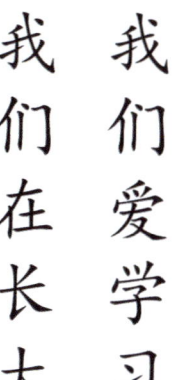

我们在长大

我们爱学习

	学	生
1		
2	学	生
3	学	生

请从字盒里找出下列位置的汉字

 1 - 1 爱

 3 - 12 看

 8 - 2 有

按下图，请将字块填入合适的方框中。

我 和

爷 爷 奶

奶 [ ]1 [ ]2 戏

戏 中

[ ]3 人 生

请从字盒里找出下列位置的汉字

1-1	3-12	5-6	5-12	6-2
爱	看	人	生	书

按下图，请将字块填入合适的方框中。

书	会

小	朋	友

点	亮	我

们			

们	的		

请从字盒里找出下列位置的汉字

 2 - 11 歌
 5 - 15 是
 6 - 1 手
 6 - 12 我

按下图，请将字块填入合适的方框中。

				。
1	2	3	4	

歌 中 有 哭 有 笑

请从字盒里找出下列位置的汉字

1 - 13	3 - 13	5 - 6	6 - 5	8 - 1
春	口	人	四	游

按下图，请将字块填入合适的方框中。

春	天	，	我	们
一	家			
去		。		

请从字盒里找出下列位置的汉字

● 3 - 5	● 6 - 1	● 8 - 12
会	手	字

按下图，请将字块填入合适的方框中。

我	的	小	⬚ 1
儿	⬚ 2	写	⬚ 3

请从字盒里找出下列位置的汉字

● 1-6
宝

● 4-8
明

按位置找到字块，挂到苹果树吧！秋天到了，摘下苹果，放到哪个篮子里？

● 4-8

● 1-6

聪

贝

1

2

请从字盒里找出下列位置的汉字

• 1-2	• 3-11	• 5-2	• 5-8	• 5-14	• 6-5	• 6-13
八	九	七	三	十	四	五

数一数，树上有几个苹果，填一填。

 1

 2

 3

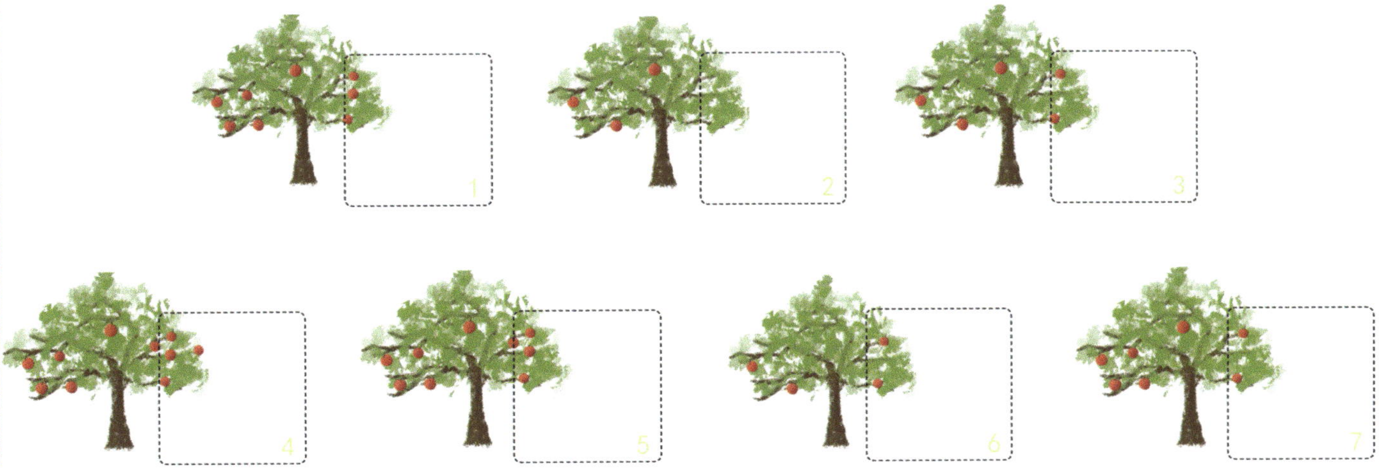

4

5

6

7

请从字盒里找出下列位置的汉字

● 1-2	● 2-8	● 3-11	● 4-1	● 5-2	● 5-8	● 5-14	● 6-5	● 6-13	● 7-15
八	二	九	六	七	三	十	四	五	一

用找出的字块把下面的古诗填写完整吧。

请从字盒里找出下列位置的汉字

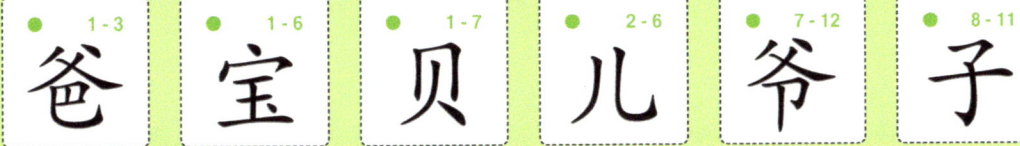

1-3	1-6	1-7	2-6	7-12	8-11
爸	宝	贝	儿	爷	子

按下图，请将字块填入合适的方框中。

爸	爸	的	爸	爸	是	1	爷
2	爸	是	爷	爷	的	3	4
我	是	他	们	的	好	5	6

答案：1: ● 7-12 2: ● 1-3 3: ● 2-6 4: ● 8-11 5: ● 1-6 6: ● 1-7

请从字盒里找出下列位置的汉字

● 1 - 3	● 2 - 1	● 4 - 3	● 6 - 12
爸	的	妈	我

按下图，请将字块填入合适的方框中。

我		家	有		
爸	，		妈	和		。
我	爱	我	的	家	。 

请从字盒里找出下列位置的汉字

 1 - 13 春
 2 - 3 冬
 5 - 5 秋
 7 - 2 夏

按下图，请将字块填入合适的方框中。他们是一年的四季，你喜欢哪个季节？

  1

  2

  3

  4

请从字盒里找出下列位置的汉字

3-2	3-4	4-2	5-4
红	黄	绿	青

按下图，请将字块放到对应的颜色旁边。

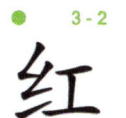

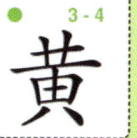

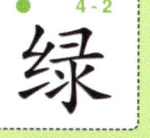

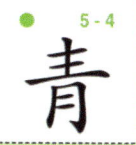

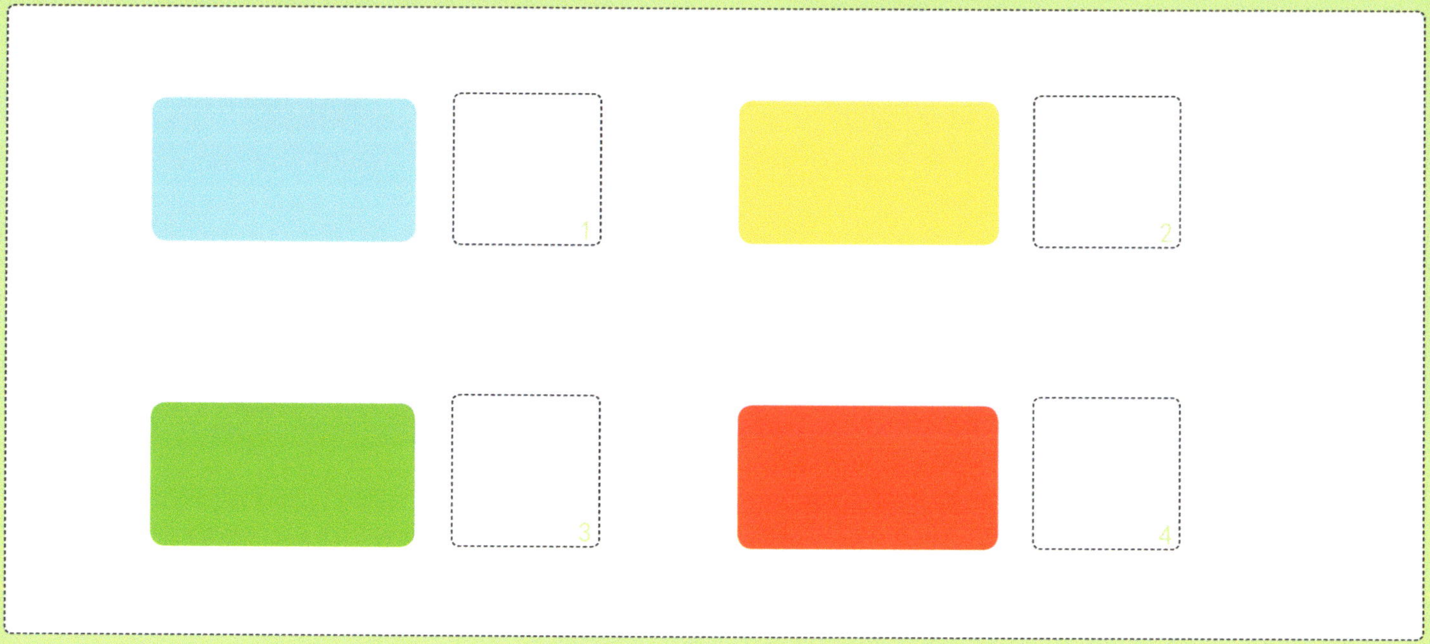

请从字盒里找出下列位置的汉字

● 1-5	● 3-2	● 3-4	● 4-2
白	红	黄	绿

按下图，请将字块填入合适的方框中。他们是一年的四季，你喜欢哪个季节？

春 天 ， 小 草 ☐ 了 。

夏 天 ， 花 儿 ☐ 了 。

秋 天 ， 树 叶 ☐ 了 。

冬 天 ， 下 雪 了 。 大 地 都 ☐ 了 。

请从字盒里找出下列位置的汉字

1-9	1-13	2-5	2-10	3-3	4-13	5-11	8-5
不	春	多	风	花	鸟	少	雨

用找出的字块把下面的古诗填写完整吧。

春　晓

[1] 眠 [2] 觉 晓，
处 处 闻 啼 [3]。
夜 来 [4] [5] 声，
[6] 落 知 [7] [8]。

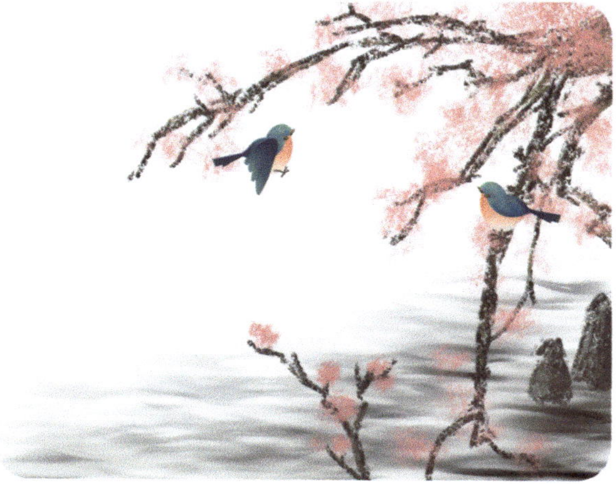

答案：1: 1-13　2: 1-9　3: 4-13　4: 2-10　5: 8-5　6: 3-3　7: 2-5　8: 5-11

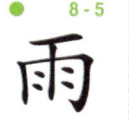

请从字盒里找出下列位置的汉字

按下图，回答下面的问题，请将字块填入合适的方框中。

中国

越南

这 两 面 国 旗 是 什 么 颜 色 的？ ☐ 色

国 旗 里 的 星 星 是 什 么 颜 色？ ☐ 色

国 旗 的 星 星 有 几 个 角？ ☐ 个

请从字盒里找出下列位置的汉字

1 - 15
大

2 - 5
多

5 - 11
少

7 - 3
小

按下图，回答下面的问题，请将字块填入合适的方框中。

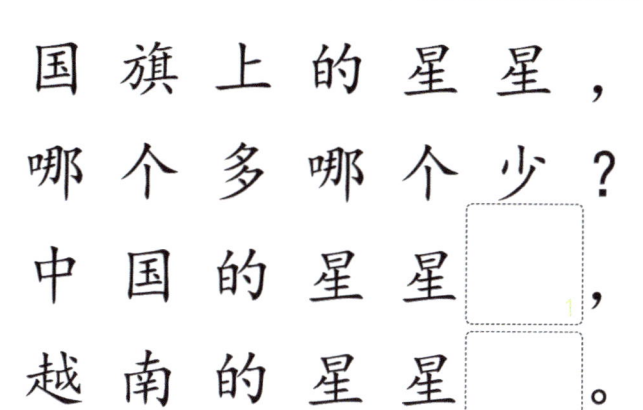

国 旗 上 的 星 星 ，
哪 个 多 哪 个 少 ？
中 国 的 星 星 ⬚₁ ，
越 南 的 星 星 ⬚₂ 。

中国

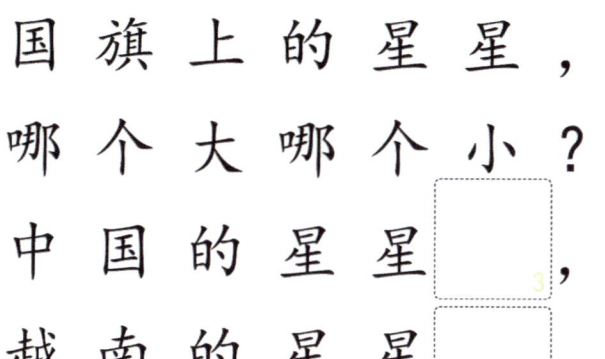

国 旗 上 的 星 星 ，
哪 个 大 哪 个 小 ？
中 国 的 星 星 ⬚₃ ，
越 南 的 星 星 ⬚₄ 。

越南

请从字盒里找出下列位置的汉字

● 1 - 5
白

● 3 - 2
红

按下图，回答下面的问题，请将字块填入合适的方框中。

红十字

瑞士

红 十 字 是 ☐ 色 的 。

红 色 的 瑞 士 国 旗 上 有 ☐

色 的 十 字 。

请从字盒里找出下列位置的汉字

 1 - 5 白

 3 - 2 红

 4 - 2 绿

 5 - 8 三

按下图，回答下面的问题，请将字块填入合适的方框中。(答案2, 3, 4为一组，没有顺序要求)。

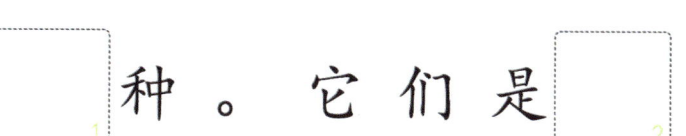

保加利亚

这 两 面 国 旗 的 颜 色 有 几 种 ？

□ 种 。 它 们 是 □ □ 和 □ 。
1   2   3   4

意大利

你 发 现 它 们 有 什 么 不 同 吗 ？

请从字盒里找出下列位置的汉字

2-10	7-6	7-8	8-5
风	星	雪	雨

按下图，猜一猜这个谜语说的是什么？请将字块填入合适的方框中。（答案1, 2, 3为一组，没有顺序要求）。

千 条 线 ， 万 条 丝 ，

落 在 水 里 看 不 见 。

不 是 [ ]₁ ； 不 是 [ ]₂ ；

不 是 [ ]₃ 。

谜 底 是 [ ]₄

请从字盒里找出下列位置的汉字

 2-10 风
 7-6 星
 7-8 雪
 8-5 雨

按下图，猜一猜这个谜语说的是什么？请将字块填入合适的方框中。(答案1, 2, 3为一组，没有顺序要求)。

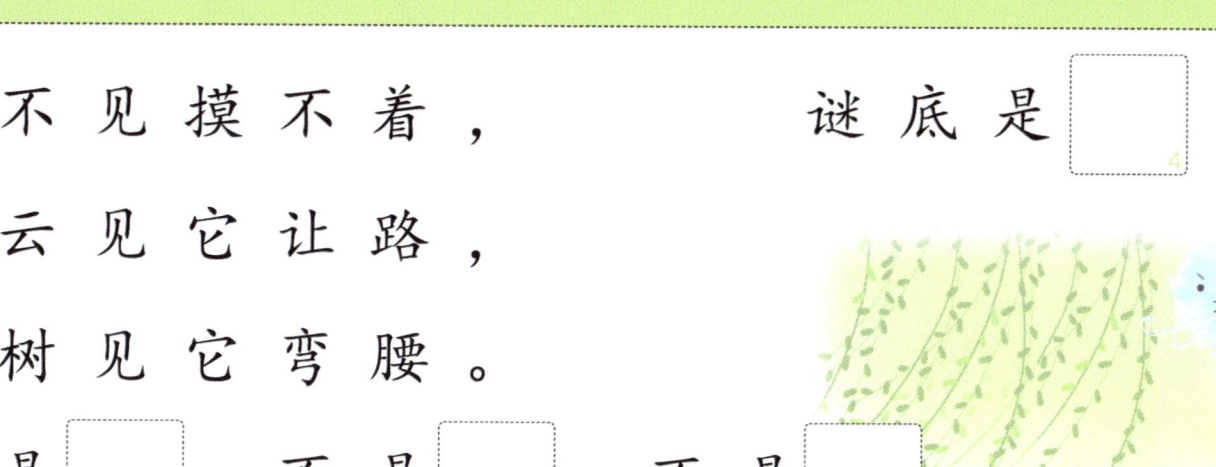

看 不 见 摸 不 着 ，

白 云 见 它 让 路 ，

小 树 见 它 弯 腰 。

不 是 ☐₁； 不 是 ☐₂； 不 是 ☐₃

谜 底 是 ☐₄

请从字盒里找出下列位置的汉字

● 2 - 10	● 7 - 6	● 7 - 8	● 8 - 5
风	星	雪	雨

按下图，猜一猜这个谜语说的是什么？请将字块填入合适的方框中。(答案1, 2, 3为一组，没有顺序要求)。

小 白 花 ， 飞 满 天 ，　　　谜 底 是 [　]

下 到 地 上 象 白 面 ，

下 到 水 里 看 不 见 。

不 是 [　] ； 不 是 [　] ； 不 是 [　]。

请从字盒里找出下列位置的汉字

● 3-14	● 5-10	● 7-1	● 7-4
哭	上	下	笑

按下图，请将字块填入合适的方框中。说一说它们有什么特点。

答案：1: ● 5-10 2: ● 7-1 3: ● 3-14 4: ● 7-4

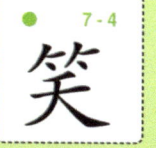

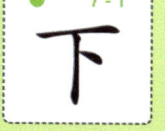

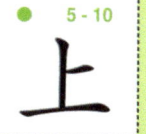

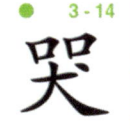

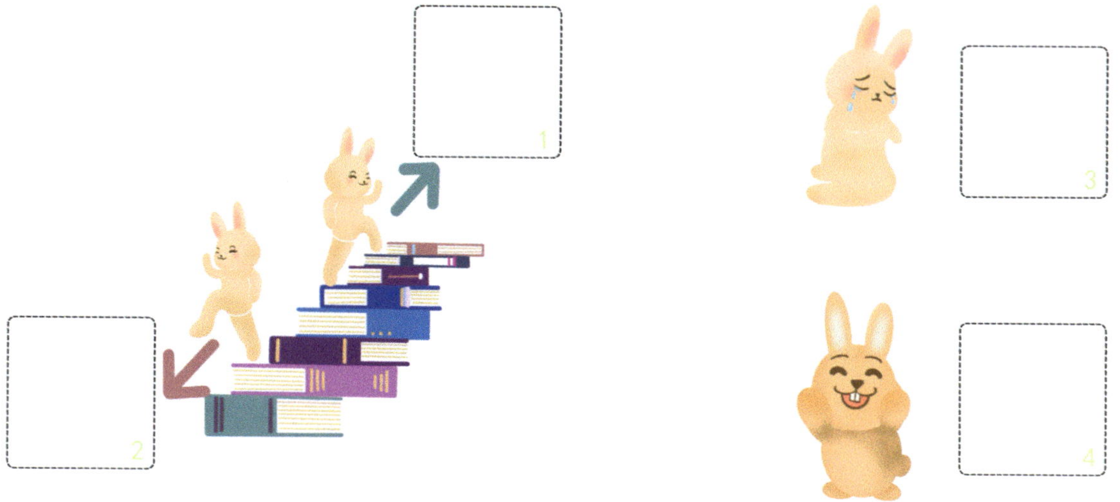

请从字盒里找出下列位置的汉字

1 - 15	2 - 5	5 - 11	7 - 3
大	多	少	小

按下图，请将字块填入合适的方框中。说一说它们有什么特点。

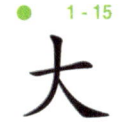

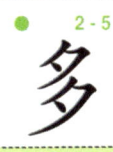

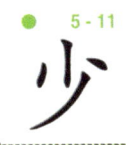

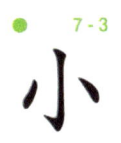

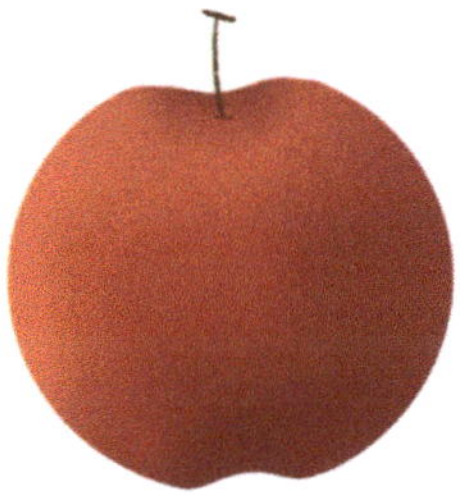

1

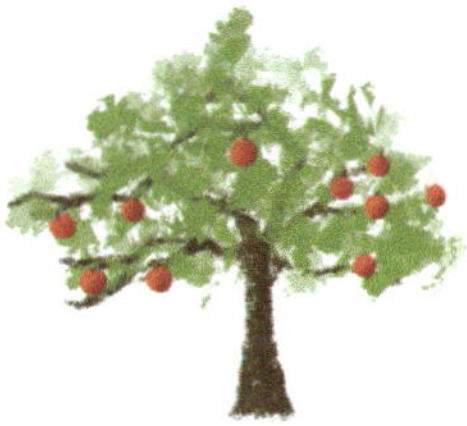

3

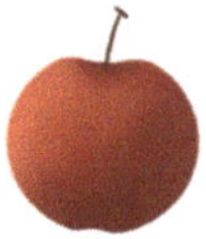

2

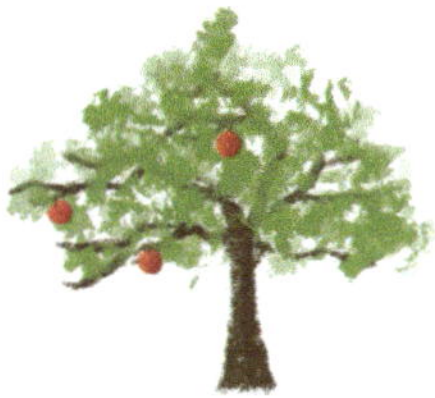

4

答案：1: ● 1-15 2: ● 7-3 3: ● 2-5 4: ● 5-11

请从字盒里找出下列位置的汉字

● 1 - 10	● 4 - 13	● 4 - 14	● 6 - 3
草	鸟	牛	树

按下图，请将字块填入合适的方框中。大声读一读。

一 个 大 ， 一 个 小 。

一 头 黄 ☐ ， 一 只 小 ☐ 。

一 边 多 ， 一 边 少 。

少 的 是 ☐ ， 多 的 是 ☐ 。

请从字盒里找出下列位置的汉字

● 1 - 8	● 2 - 7	● 3 - 13	● 4 - 6	● 4 - 10	● 6 - 10

按下图，请将字块填入合适的方框中。

这 是 小 猫 的

请从字盒里找出下列位置的汉字

● 1-8	● 2-7	● 6-1
鼻	耳	手

按下图，请将字块填入合适的方框中。

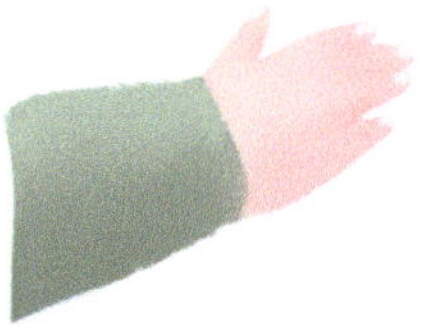

1	2	3

请从字盒里找出下列位置的汉字

● 1 - 12	● 2 - 9	● 4 - 15	● 7 - 4	● 8 - 1
吃 	飞 	跑 	笑 	游 

按下图，请将字块填入合适的方框中。

   水 中 鱼 儿
3

天 上 鸟 儿 ☐
1

草 地 马 儿  ☐
4

地 上 羊 ☐ 草
2

 花 儿 对 我  ☐
5

请从字盒里找出下列位置的汉字

• 1-3	• 5-7	• 6-3	• 7-14	• 8-11
爸	日	树	叶	子

按照连接线的颜色组成短语吧。你还可以举出类似的短语吗？

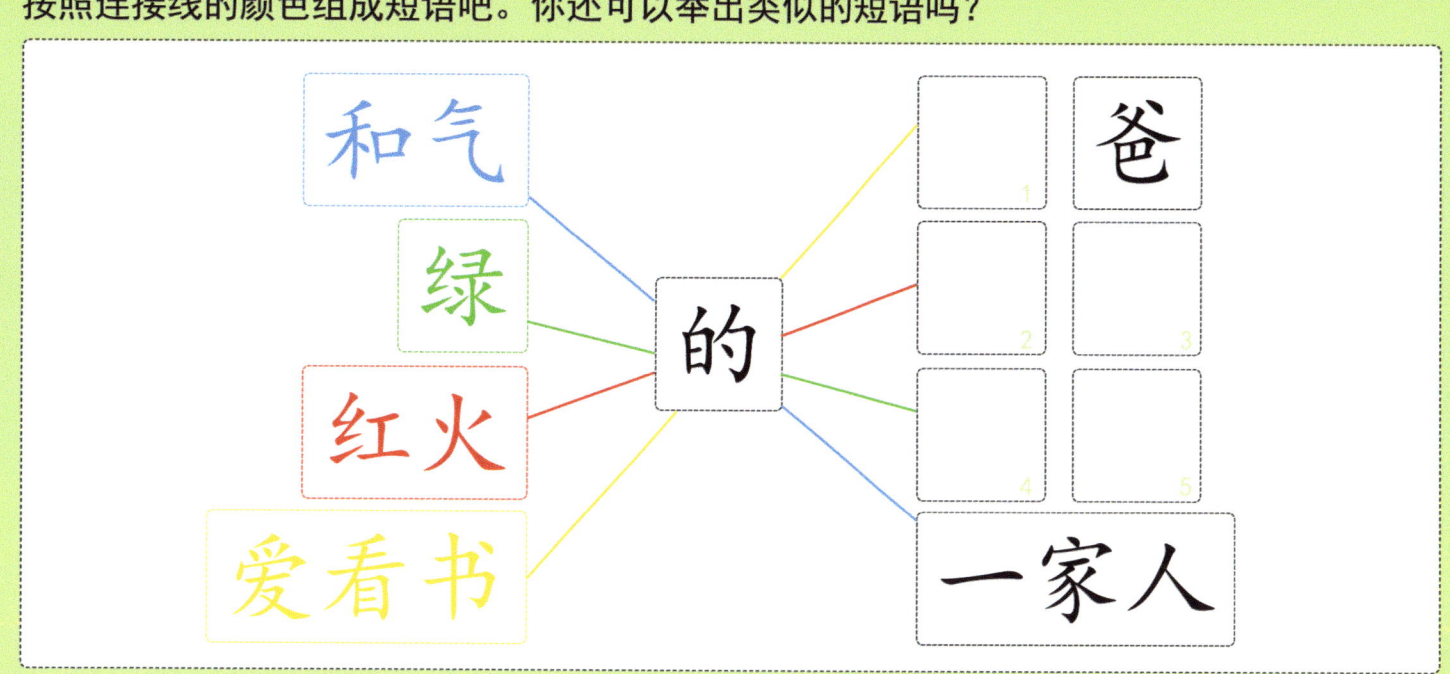

请从字盒里找出下列位置的汉字

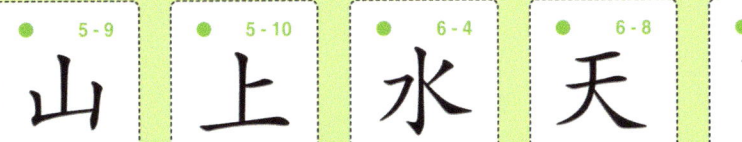

5-9	5-10	6-4	6-8	7-1	8-10
山	上	水	天	下	中

按照连接线的颜色组成短语吧。你还可以举出类似的短语吗

小鸟的家

白云的家

小鱼的家

我的家

在

1	2
3	4
5	6
树	上

答案：1: 5-9 • 2: 7-1 • 3: 6-4 • 4: 8-10 • 5: 6-8 • 6: 5-10

请从字盒里找出下列位置的汉字

 明 4-8　 日 5-7　 生 5-12　 月 8-6

按下图，请将字块填入合适的方框中。分析星，明是怎么构成的？

1

2

日

3

星

4

请从字盒里找出下列位置的汉字

3 - 13	5 - 14	7 - 14	8 - 9

口	十	叶	早

按下图，请将字块填入合适的方框中。分析早，叶是怎么构成的？

	日	十	
1			3

| | 2 | | 4 |

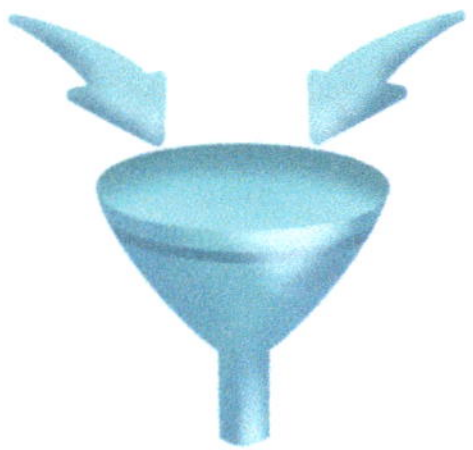

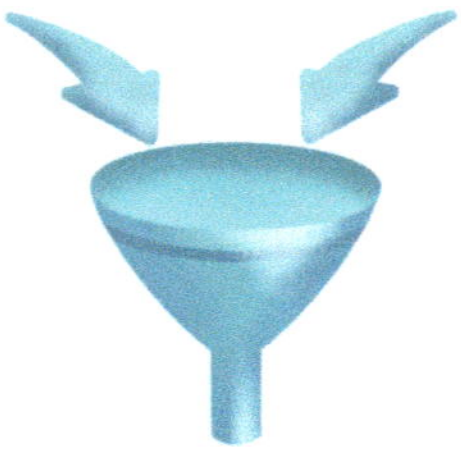

请从字盒里找出下列位置的汉字

| 3 - 12 | 5 - 1 | 6 - 2 | 7 - 3 | 8 - 3 | 8 - 8 |
| 看 | 朋 | 书 | 小 | 友 | 在 |

按下图，请将字块填入合适的方框中。拼出一个句子。

```
1    2    3    4    5    6
```

请从字盒里找出下列位置的汉字

4 - 7	6 - 6	6 - 15	8 - 1	8 - 8	8 - 13
们	他	戏	游	在	做

按下图，请将字块填入合适的方框中。拼出一个句子。

我家的大黄狗和小花猫是好朋友

1	2	3	4	5	6

请从字盒里找出下列位置的汉字

- 1-1　爱
- 7-5　心

按下图，请将字块填入合适的方框中。拼出一个句子。

　好　　人

爱　

我　是　爸　爸

妈　妈　□　□

的　宝　贝　。

请从字盒里找出下列位置的汉字

1 - 10	3 - 3	4 - 13	4 - 14	6 - 1
草	花	鸟	牛	手

你会用"水"组出多少词？按下图，请将字块填入合适的方框中。

水

请从字盒里找出下列位置的汉字

● 2-11	● 3-6	● 3-7	● 4-5	● 5-4	● 7-8
歌	火	鸡	猫	青	雪

你会用"山"组出多少词？按下图，请将字块填入合适的方框中。

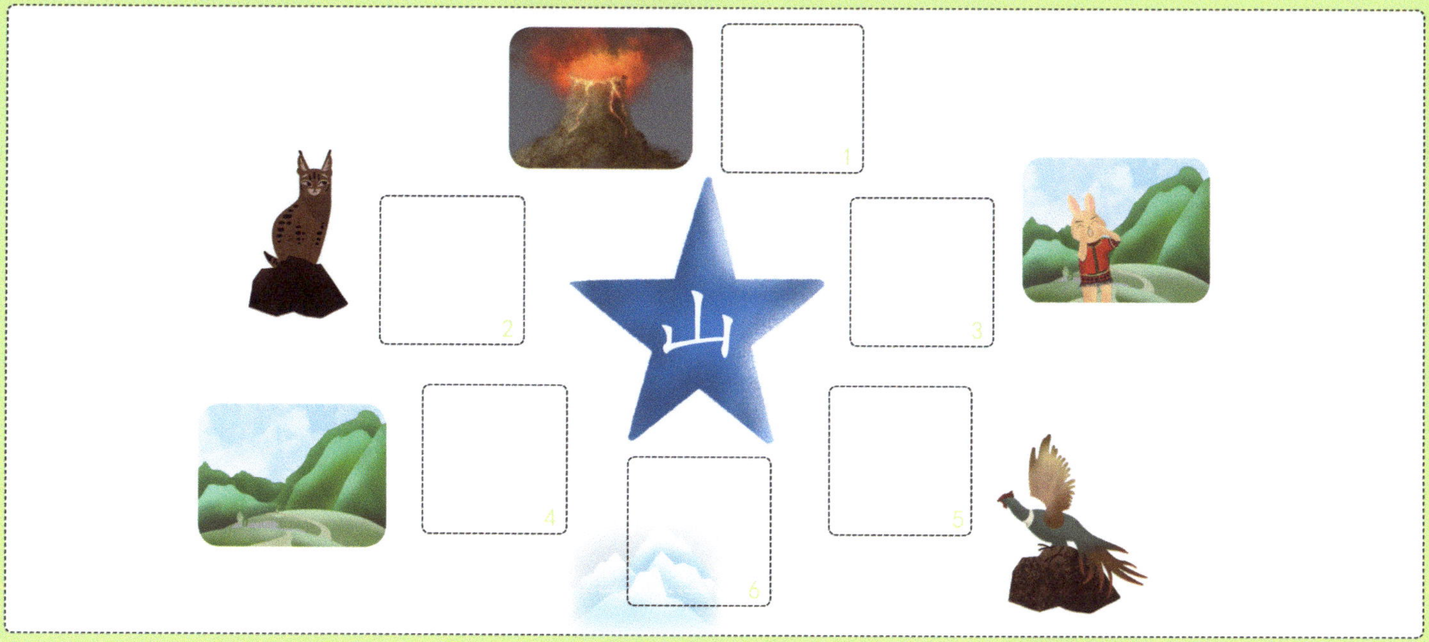

山

1
2
3
4
5
6

请从字盒里找出下列位置的汉字

1 - 15	3 - 15	6 - 7	7 - 3	7 - 9	8 - 6
大	亮	太	小	阳	月

按下图，请将字块填入合适的方框中。

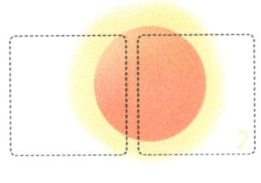 大 ，  小 。

地 球 绕 着 太 阳 跑 。

地 球 ⬜ ， 月 亮 ⬜ 。

 绕 着 地 球 跑 。

请从字盒里找出下列位置的汉字

2 - 10	7 - 8	8 - 5	8 - 7
风	雪	雨	云

按下图，请将字块填入合适的方框中。你还会说出哪些天气？

 多 □ 1

 大 □ 2

 下 □ 3

 下 □ 4

请从字盒里找出下列位置的汉字

 2-2 地　 6-8 天　 7-9 阳　 8-6 月

按下图，请将字块填入合适的方框中。看看太阳的一家子，你认识多少？

太 ☐₁　　　☐₃ 亮　　　☐₄ 王 星

水 星　　　火 星　　　海 王 星

金 星　　　木 星

☐₂ 球　　　土 星

请从字盒里找出下列位置的汉字

● 3-3	● 4-2	● 4-9	● 5-9
 花	 绿	 木	 山

按下图，请将字块填入合适的方框中。完成词语接龙游戏。

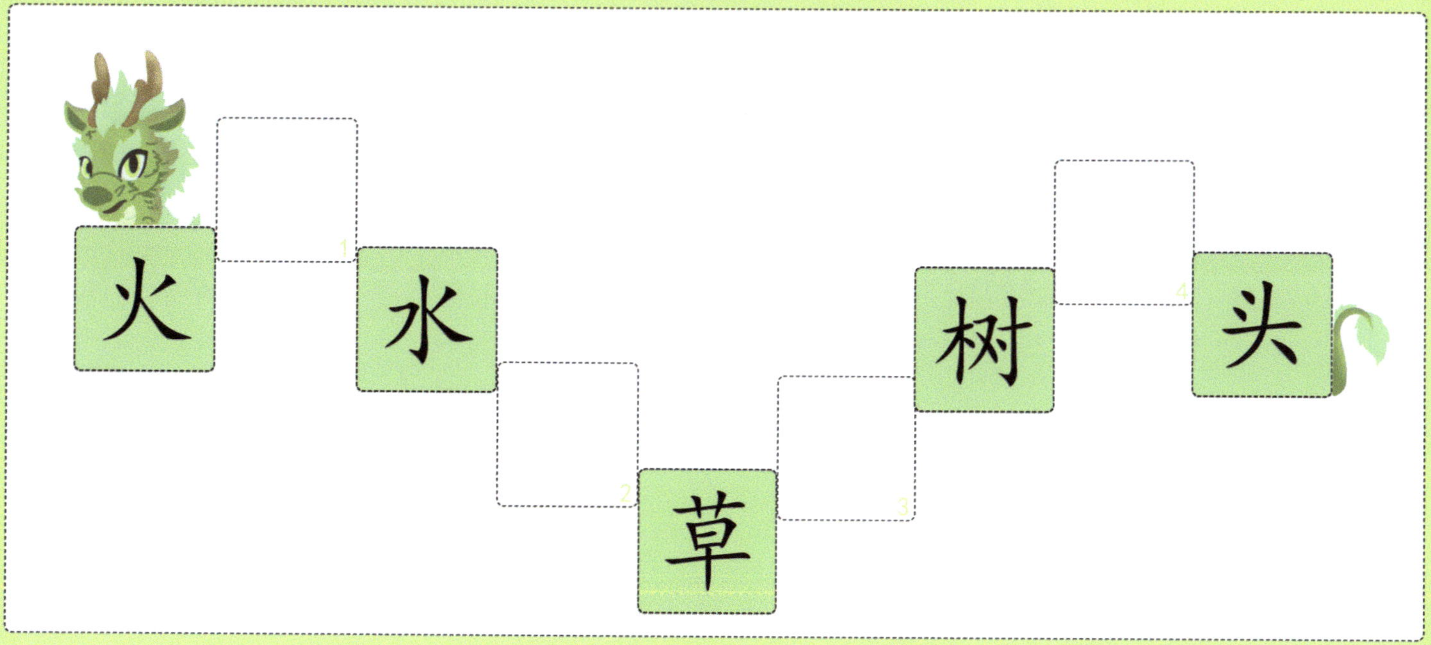

火　水　草　树　头

请从字盒里找出下列位置的汉字

● 1-1	● 1-11	● 5-6	● 5-7	● 6-1	● 6-2
爱	唱	人	日	手	书

按下图，请将字块填入合适的方框中。完成词语接龙游戏。

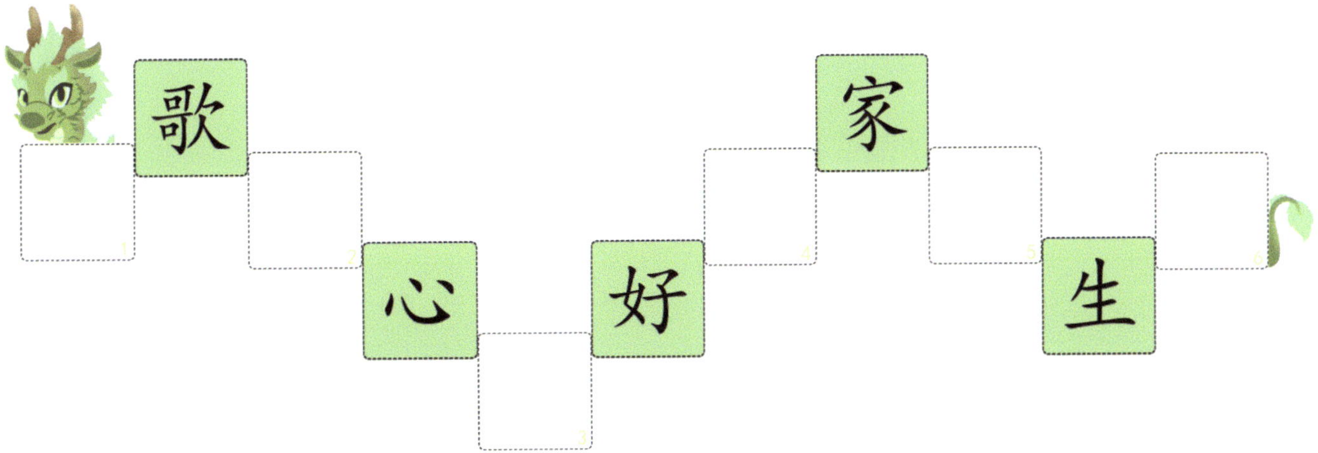

歌　心　好　家　生

请从字盒里找出下列位置的汉字

按下图，请将字块填入合适的方框中。你知道这些词的意思吗？

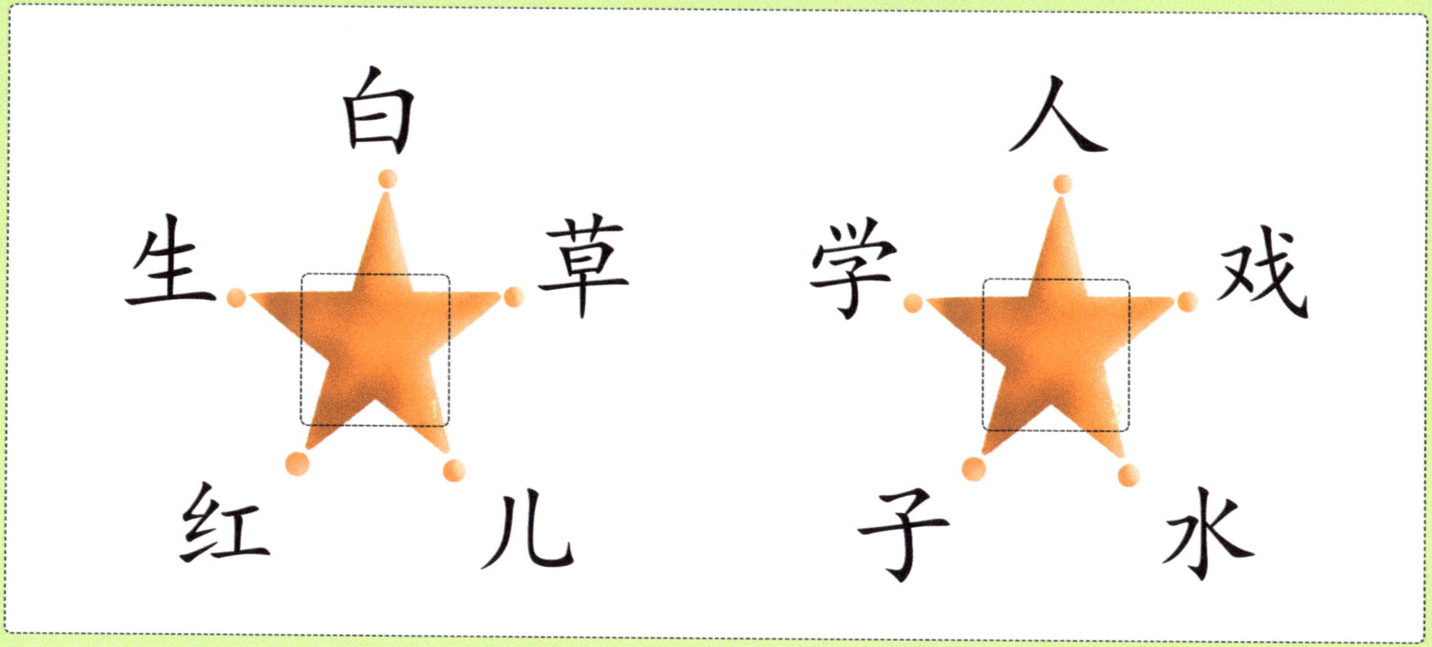

白

生　　★　草

红　　儿

人

学　　★　戏

子　　水

请从字盒里找出下列位置的汉字

1 - 9	3 - 14	7 - 1	7 - 4	7 - 11	7 - 15
不	哭	下	笑	要	一

按下图，请将字块填入合适的方框中。拼出一个句子。

请从字盒里找出下列位置的汉字

好 · 2-15 们 · 4-7 朋 · 5-1 是 · 5-15 我 · 6-12 友 · 8-3

按下图，请将字块填入合适的方框中。拼出一个句子。

请从字盒里找出下列位置的汉字

1-1	1-3	1-10	3-10	3-12	6-2	6-8	7-7	8-12
爱	爸	草	见	看	书	天	学	字

按下图，请将字块填入合适的方框中。拼出一个句子。

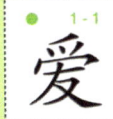

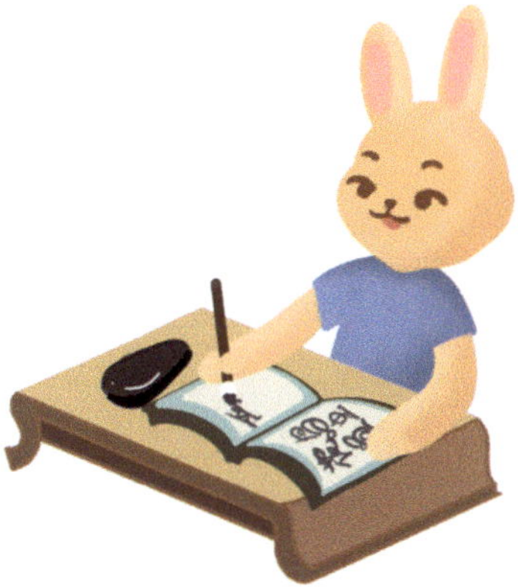

1	爸	爱	2	习	，
我	3	4	他	5	天
写	6	。	我	7	看
他	的	8	9		

答案：1: 1-3 2: 7-7 3: 3-12 4: 3-10 5: 6-8 6: 8-12 7: 1-1 8: 1-10 9: 6-2

请从字盒里找出下列位置的汉字

1 - 11	2 - 11	4 - 8	4 - 10	7 - 5	7 - 6
唱	歌	明	目	心	星

按下图，请将字块填入合适的方框中。拼出一个句子。

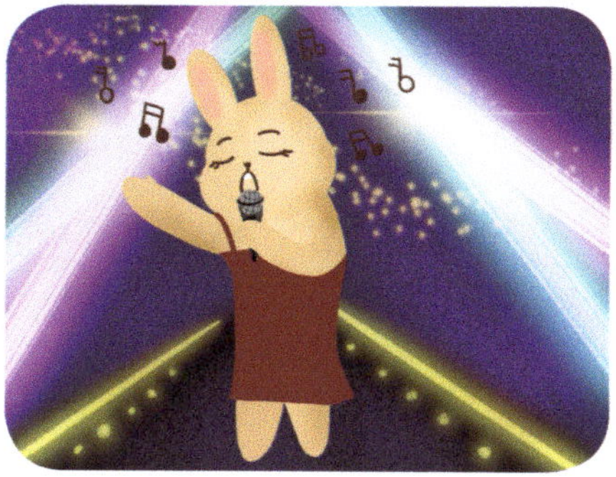

妈	妈	会	1	2	。
她	在	家	天	天	唱
。	她	是	我	3	4
中	的			。	

请从字盒里找出下列位置的汉字

1-5	2-15	3-9	5-6	5-10	6-8	7-5	7-7	7-8	8-10
白	好	家	人	上	天	心	学	雪	中

请将字块两两组词。这些词交换位置会变成不同的词，有不同的意思（答案1-2, 3-4, 5-6, 7-8, 9-10各为一组，没有顺序要求）。

请从字盒里找出下列位置的汉字

1 - 14
聪

2 - 15
好

4 - 8
明

4 - 14
牛

7 - 3
小

8 - 3
友

请将字块两两组词。把代表"好"的放到宝箱中；把代表"坏"的放到垃圾桶吧。

请从字盒里找出下列位置的汉字

 2-4

 3-5

按下图，请将字块填入合适的方框中。这个词在不同的句子中，读音不一样，意思也会不一样。

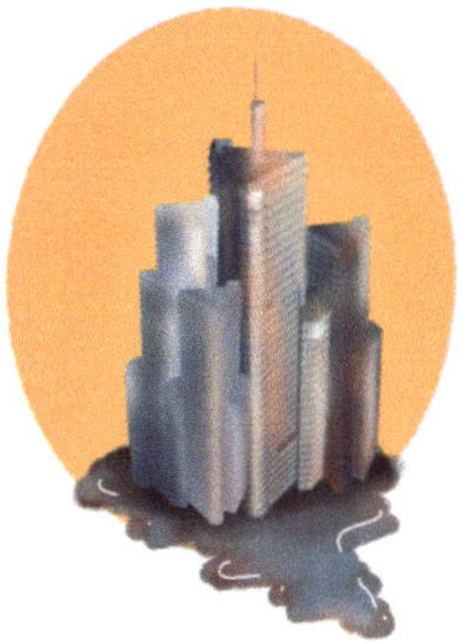

我	的	家
在	一	个
大		

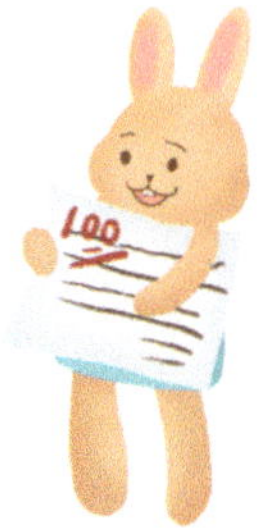

我	都	会

请从字盒里找出下列位置的汉字

3 - 12

看

按下图，请将字块填入合适的方框中。这个字在不同的句子中，读音不一样，意思也会不一样。

我	的	大	花
猫	多	好	

我	家	的	小	狗
儿	会	看	家	

请从字盒里找出下列位置的汉字

5 - 4

青

按下图，请将字块填入合适的方框中。这个字可以和别的字组合成新字。

清 水

晴 天

请从字盒里找出下列位置的汉字

8 - 10

中

按下图，请将字块填入合适的方框中。这个字可以和别的字组合成新字。

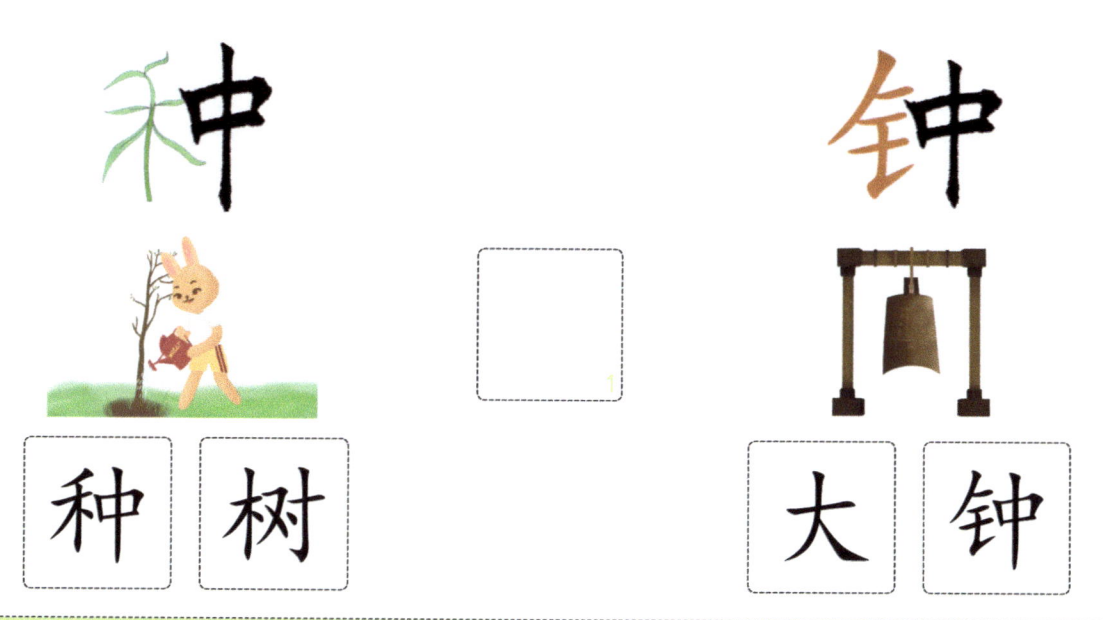

请从字盒里找出下列位置的汉字

4 - 9

按下图，请将字块填入合适的方框中。这个字可以和别的字组合成新字。

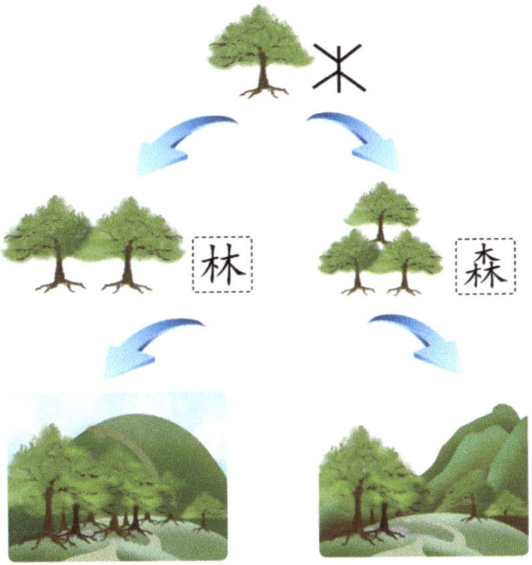

林　森

树　林　　森　林

请从字盒里找出下列位置的汉字

2-4	2-5	4-7
都	多	们

有一个字很神奇，放在别人的后面，就把别人变多了(答案1,2为一组，没有顺序要求)。

这	个	字	不	是	1
这	个	字	不	是	2
这	个	字	是	3	

答案：1: ● 2-4　2: ● 2-5　3: ● 4-7

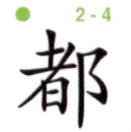

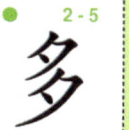

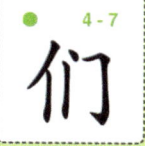

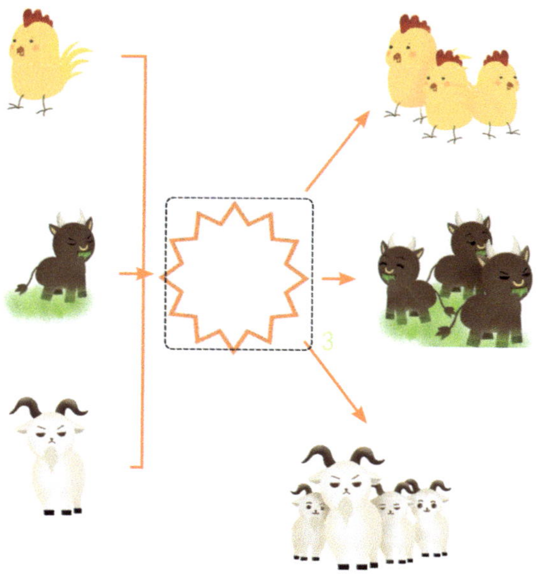

请从字盒里找出下列位置的汉字

2 - 15	5 - 10	8 - 9
好	上	早

按下图，请将字块填入合适的方框中。

早上好

早	上	，	小	雪	看
见	他	的	好	朋	友
小	明	，	问	声	：
			！		

请从字盒里找出下列位置的汉字

● 1-1
爱

读一读，说一说，你对妈妈的爱有多大？

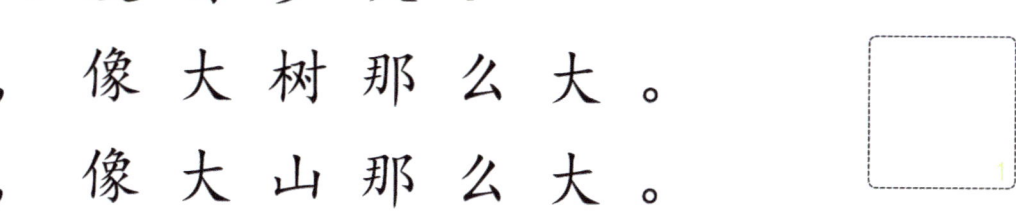
我 的 爱 有 多 大 ？

我 爱 你 ， 像 大 树 那 么 大 。
我 爱 你 ， 像 大 山 那 么 大 。
我 爱 你 ， 像 月 亮 那 么 大 。
我 爱 你 ， 像 太 阳 那 么 大 。
心 有 多 大 ， 爱 有 多 大 ！